NOTICE HISTORIQUE

SUR

MONTBÉLIARD et le CHATEAU

PAR

F.-E. TUEFFERD

Extrait des Mémoires de la Société d'Emulation
de Montbéliard de 1868

LE CHATEAU

NOTICE HISTORIQUE

SUR

MONTBÉLIARD et le CHATEAU

PAR

P.-E. TUEFFERD

« DIEU SEUL EST MON APPUI »
(Devise de Montbéliard).

PRÉFACE

La présente réimpression est faite pour donner satisfaction aux nombreuses demandes qui nous parviennent, d'une monographie du Château. Nous n'avons pas cru pouvoir mieux faire que de reproduire textuellement, le travail si scrupuleusement documenté de M. P.-E. Tuefferd, relatif au principal monument de notre ville. La notice complète (Montbéliard et ses Monuments) se trouve dans l'année 1868 des Mémoires de la Société d'Émulation de Montbéliard.

Disons seulement, pour compléter les renseignements ci-après, que le Château faillit être, en 1764, acheté par Voltaire, qui songeait à en faire sa résidence permanente, avant de s'établir à Ferney (Voir sa lettre du 13 nov. 1764). Il est permis de regretter que ce projet n'ait point eu de suites, car notre Château eût été certainement épargné pendant la Révolution, et eût échappé aux pillages qui suivirent la fuite des Comtes, et qui le vidèrent complètement de son mobilier.

Signalons aussi que l'Empereur Napoléon 1er fit proposer à la ville de Montbéliard de lui rétrocéder la propriété du Château (alors bien national), pour en faire le dépôt des archives de la province, et sous la seule condition d'en entretenir la toiture, et de pourvoir au traitement de l'archiviste. La ville refusa, faute de fonds disponibles probablement.

Depuis, le Château servit aux usages les plus variés : il abrita, successivement, des services des finances, une usine d'horlogerie ; il fut converti en caserne, transformée fâcheusement par le génie militaire, vers 1880. Il logea ensuite notre glorieux 21e bataillon de chasseurs à pied, et reçut, pendant la guerre 1914-1918 une ambulance, des services sanitaires et l'Inspection des Forges de la région. Il est de nouveau caserne, et il était question récemment d'y loger tous les services administratifs de la ville. Mais la dépense nécessaire empêcha de donner suite à ce dernier projet.

Que deviendra-t-il ? Nul ne le sait. Mais puisse le présent travail rappeler à l'occasion, à ceux qui auront la charge de ce vénérable monument, que son passé si noble doit le protéger contre toute dégradation, le mettre à l'abri des destructions trop fréquentes aujourd'hui.

Mai 1921.

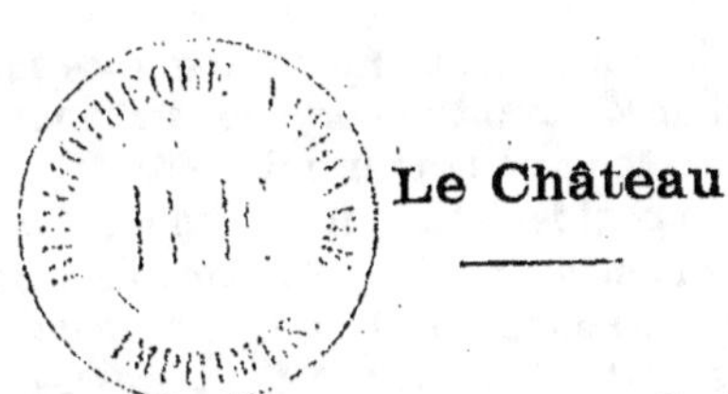

Le Château

Le Château de Montbéliard est situé au levant de la ville, sur un rocher à pic, au confluent de la Luzine et de l'Allan. Ce rocher est une prolongation de la colline appelée *Thiergarde* (de *Thiergarten*, jardin des bêtes), dont il faisait partie intégrante ; mais à une époque reculée, dont on ne peut préciser la date, il fut séparé de la masse principale, et l'on y fit passer plus tard un bras de la rivière appelée Savoureuse. Il en résulte que le Château de Montbéliard se trouve complètement isolé et entouré d'eau.

Ce lieu, très propice à la défense, ne resta pas inaperçu des Romains ; ils y établirent un camp ou poste d'observation. Ce qui le fait supposer, c'est qu'on y a découvert des vestiges remontant à une époque très reculée : des pierres cannelées ou sculptées sur la façade de l'ancien Châtel-Devant, et des traces d'architecture romaine dans l'église collégiale de St-Maimbœuf ou du Château. Ce poste d'observation faisait partie du réseau de défenses qui protégeait l'antique ville de Mandeure et correspondait au camp situé sur la colline de Chataillon près de Voujaucourt.

La première mention du Château de Montbéliard se trouve dans la vie de St-Valbert, abbé de Luxeuil, écrite vers l'an 984 par Adson, l'un de ses successeurs. Le passage qui y est relatif annonce que ce château et la ville du même nom existaient antérieurement à cette époque.

Il n'a pas cessé d'être la demeure de nos comtes des trois premières races, et ceux de la maison de Wurtemberg en firent souvent leur résidence.

Cette forteresse, qui occupe un espace d'environ 125 ares, se composait autrefois de deux parties bien distinctes, séparées par un fossé profond creusé dan le roc et reliées entre elles par un pont. Chacune d'elles était entourée par une enceinte massive de remparts. L'une portait le nom de *Châtel-Devant* et l'autre celui de *Châtel-Derrière*.

On pénètre dans le château par une seule porte située dans la partie nord du Châtel-Devant, et précédée par un pont-levis jeté sur un fossé qui était jadis d'une profondeur considérable.

— 4 —

Bois-de-Chêsne, dans sa chronique, nous rapporte que ce fossé fut creusé au mois de mai 1594 devant la porte de la chancellerie, à l'entrée du château, le long de la tour qui avait été construite en 1558. Ce fossé et le pont-levis dont il était muni, furent achevés au mois d'août de la même année. Il fut comblé au 18e siècle, lors des grandes réparations que l'on fit au château.

Lorsqu'on a franchi cette porte, l'on arrive à des terrasses qui longent les parties nord et sud de l'enceinte intérieure. Celle-ci forme une longue rue bordée par intervalles de bâtiments, dont la plupart sont d'origine moderne. Ces terrasses étaient autrefois ombragées par des cèdres du Liban, que le comte Eberhard l'aîné avait rapportés de la Terre-Sainte en 1470 et qui avaient acquis en hauteur et une grosseur considérables. Ces arbres furent remplacés en 1759 par des tilleuls et des maronniers qui existent encore la plupart.

A l'extrémité occidentale de ces terrasses se trouve un ensemble de bâtiments qui occupent la place de l'ancien *Châtel-Devant*, ainsi appelé de sa situation par rapport à l'église St-Maimbœuf démolie en 1810. A en juger par son architecture, le Châtel-Devant, désigné aussi sous le nom de *Vieux-Donjon* par les titres du moyen-âge, devait remonter aux dernières années du 14e siècle. On remarquait sur sa façade principale une grande quantité de pierres cannelées et sculptées, provenant sans doute d'antiques colonnades du donjon auquel il avait succédé. Dans l'intérieur se trouvait une ancienne chapelle où il ne restait qu'un autel en pierre grossièrement sculpté, sur lequel la tradition rapporte qu'on célébra la messe en présence de Sigismond, roi des Romains, pendant le séjour qu'il fit à Montbéliard au mois de mai 1418, revenant du concile de Constance.

Selon M. G. Goguel (1), le Châtel-Devant, destiné aux étrangers, renfermait la fauconnerie où l'on dressait les oiseaux de proie pour la chasse, passe-temps très goûté des seigneurs au moyen-âge.

Il est à croire que c'est dans cette partie antérieure du Château que les comtes de Montbéliard faisaient leur résidence, mais plus tard il servit de demeure à leurs gouverneurs, baillis et chambellans. En 1678 il fut occupé par les officiers et les soldats de la France (2).

En 1794, le Châtel-Devant était dans un état complet de dé-

(1) Le Château de Montbéliard, etc., p. 21.
(2) Description du Château de Montbéliard, par Petrus Hanemann.

gradation. Le gouvernement français, qui s'en était emparé
l'année précédente, le démolit à la fin du 18° siècle et le rem-
plaça par les bâtiments qui existent aujourd'hui.

Dès le commencement de 1794, il fut converti en un hôpital
militaire de 500 ou 600 malades, pour le service de l'armée du
Rhin. Après la victoire de Zurich remportée par Masséna sur
les Russes en 1799, il devint l'un des principaux dépôts des
blessés et des prisonniers de l'armée de Suisse ; il conserva cette
destination jusqu'à la paix de Lunéville. Il devint ensuite le
siège de la sénatorerie des département du Haut et Bas-Rhin.
En 1811 on y établit un dépôt de mendicité pour le département du Haut-Rhin, qui fit reconstruire à ses frais le corps de
bâtiment de l'ouest, ainsi que le pavillon du côté de la ville.
En 1813, on en fit de nouveau un hôpital militaire. Lors des in-
vasions de 1814 et 1815, les bâtiments du Châtel-Devant eurent
la même destination. Plus tard, ils furent occupés par des
ateliers d'horlogerie, établis par le Sieur Vincenti, et qui n'eurent qu'une durée éphémère. On y transporta aussi l'école-mo-
dèle protestante et les anciennes archives de la principauté (1);
enfin, de nos jours, ces bâtiments, avec ceux du Châtel-Derrière, servent de caserne aux troupes qui viennent quelquefois
tenir garnison à Montbéliard.

En face du Châtel-Devant se trouvait une vieille église,
St-Maimboeuf, qui fut démolie en 1810 et à laquelle nous con-
sacrerons un chapitre spécial.

Dans le Châtel-Devant se trouvaient plusieurs bâtiments ·
l'ancienne chancellerie, dont l'existence remonte à la fin du 16°
siècle et qui se trouvait près de la porte d'entrée du château ;
l'hôtel du bailli ; de *vastes écuries* et *l'arsenal.* C'était dans ce
dernier bâtiment, dit Pétrus Hanemann, que les princes de la
maison de Wurtemberg faisaient serrer des canons de toutes
sortes de calibre, un assortiment entier de magnifiques armes
offensives et défensives, et les munitions de guerre nécessaires
à la défense du château et de la ville.

Le long de la partie nord du Châtel-Devant se trouvait au
16° siècle un jardin où était planté un arbre d'une hauteur con-

---

(1) Les archives de Montbéliard étaient fort riches ; elles comprenaient
307.720 pièces, dont l'historien Duvernoy dressa le catalogue en 1834 et 1835.
Malheureusement elles furent éparpillées en 1839 dans diverses villes : Besançon, Vesoul, Colmar et Paris ; ce qu'on a laissé à Montbéliard est peu
considérable. Précédemment elles avaient subi d'importantes spoliations ;
ainsi, en 1677 et 1735 l'administration française fit transporter de précieux
documents à Besançon. Au mois d'octobre 1793, lorsque Montbéliard fut pris
par les Français, beaucoup de parchemins furent livrés aux flammes ou con-
vertis en gargousses.

sidérable et que la tradition populaire faisait passer pour un cèdre. Il subsista jusqu'au siècle dernier, et fut probablement abattu en 1751, lorsqu'on reconstruisit le Châtel-Derrière (1).

La 2e partie du Château de Montbéliard, appelée *Châtel-Derrière* ou Neuf-Donjon, était beaucoup moins étendue que celle dont nous venons de donner la description. Elle se trouvait reliée au Châtel-Devant par un pont qui pouvait se lever chaque fois qu'on voulait interrompre la communication entre les deux forteresses. Lors de la reconstruction du Châtel-Derrière en 1751, ce pont disparut, le fossé sur lequel il était, ayant été comblé et les deux parties du château ayant été réunies ensemble.

Le Châtel-Derrière ou Neuf-Donjon est mentionné seulement dès le 14e siècle, mais il existait antérieurement à cette époque. Réparé ou agrandi par Thierry III, le grand Baron ou son successeur Renaud de Bourgogne, il servit de demeure aux comtes de Montbéliard de la maison de Châlon (1282-1332), de la seconde maison de Montfaucon (1332-1397) et de celle de Wurtemberg (1397-1792).

Dans l'ancien corps de logis, au rez-de-chaussée, on voyait une salle, la plus vaste du château, dont les murs peints à fresque représentaient les armoiries de Montbéliard, de Wurtemberg, de Salin et de Bavière, et celles des nombreux vassaux du comté. Elle était appelée la *salle des fiefs*, parce que c'était là qu'avaient lieu les reprises solennelles de fiefs ; on y déposait aussi en public les corps des princes décédés, avant qu'on ne procédât à leurs funérailles.

La plupart des appartements du Châtel-Derrière avaient des tentures en bergamasque ou en cuir, dont la couleur dominante servait à les distinguer entre eux. Ici c'était la *chambre peinte*, ailleurs la *chambre bleue*, plus loin la *chambre jaune* ; il y avait la *chambre noire* qu'avait habitée le duc Ulric pendant son exil du Wurtemberg, et dont la sombre tapisserie et l'ameublement correspondaient aux dispositions d'esprit dans lesquelles il était alors. Cet appartement demeura le même pendant plus d'un siècle. La *chambre rouge* était destinée aux audiences ; la tenture, les draperies et l'ameublement de cette pièce étaient en velours rouge bordé de franges et de crépines en or. Un rang de banquettes garnissait l'un des côtés dans toute sa longueur. Un fauteuil, élevé sous un dais richement orné, oc-

---

(1) Ce cèdre figure dans un dessin enluminé représentant Montbéialrd et son Château en 1589 et appartenant à M. l'architecte Wetzel.

cupait le fond ; en avant et à peu de distance était placée une table jaune et noire (couleurs de la maison de Wurtemberg) recouverte d'un tapis en velours noir. Dans la *salle à manger*, tendue en drap rouge et orné de plusieurs tableaux de chasse entremêlés de têtes de cerf et de chevreuils, on remarquait six fauteuils de velours noir avec leurs coussins, deux tabourets en drap de même couleur, un cabinet d'orgues pour accompagner le chant sacré pendant les repas, une longue table recouverte d'un tapis de Turquie, et plusieurs buffets garnis de vaisselle plate et de vases à boire en argent et en vermeil ; leur nombre s'élevait à 250, et quelques-uns étaient si amples qu'on pouvait à peine les tenir d'une seule main. Il y avait aussi un hanap d'or massif, enrichi de pierres précieuses et d'un travail achevé. Il fut mis en gage entre les mains d'un banquier de Bâle, avec plusieurs autres objets de prix, pendant les désastres de la guerre de Trente ans (1).

A son extrémité orientale, le Neuf-Donjon était flanqué de plusieurs tours qui existent encore et dont les principales sont la *tour ronde, bossue ou bosselée*, ainsi appelée à cause des pierres saillantes qui forment le revêtement extérieur de sa base, et la *tour neuve* ou *sur l'ogive*. La 1ʳᵉ fut rebâtie par la comtesse Henriette avant 1422 et réparée en 1590 (2). La tour neuve fut reconstruite en 1504 sous le duc Frédéric (3). Ces tours, à l'aspect imposant, dominent toute la campagne environnante et s'aperçoivent de très loin.

Dans la tour neuve se trouve un fond de fosse, qui a pris le nom de *Berloc* (de *Bœrenloch*, trou aux ours), non pas, comme le prétend Duvernoy (4), parce qu'on y nourrissait des ours, mais à cause d'un de ces animaux en pierre sculptée qui en surmonte encore la porte d'entrée. Suivant M. G. Goguel (5), ce réduit noir et profond servait d'*oubliettes* où les princes de Montbéliard précipitaient ceux dont ils voulaient se débarrasser en secret ; dans le fond se trouvaient, il n'y a pas longtemps encore, au dire d'un ouvrier, quatre lames d'acier en forme de couperet, sur lesquelles tombaient ceux qu'on y jetait. Or, ces prétendues oubliettes sont simplement une ancienne cage d'escalier de secours, dont les marches ont disparu depuis longtemps.

---

(1) Voy. Duvernoy, le Château de Montbéliard, et Ephémérides, note p. 174.
(2) Voy. Chronique de Bois-de-Chesne, années 1589 et 1590.
(3) Voy. Chronique Bois-de-Chesne, année 1594.
(4) Ephémérides, note p. 62.
(5) Le Château de Montbéliard, p. 17 et 18.

Quant à l'existence des lames d'acier, le témoignage de l'ouvrier aurait besoin d'être confirmé.

Les étages de la tour neuve étaient occupés par la bibliothèque de nos comtes, riche en manuscrits et en éditions datant des premiers temps de l'imprimerie, et par un cabinet de médailles et d'antiquités, la plupart recueillies à Mandeure. Ce cabinet fut commencé par le duc Frédéric de Wurtemberg à la fin du 16ᵉ siècle ; le 23 mai 1594, il enjoignit à ses sujets de Mandeure de remettre à son médecin, le célèbre Jean Bauhin, tous les objets d'antiquité qu'ils découvriraient sur leur territoire. Son fils Louis-Frédéric continua d'augmenter cette collection, et par son testament du 25 octobre 1628, il ordonna qu'elle demeurât à perpétuité dans la tour neuve du château, enjoignant à ses successeurs de l'augmenter et de l'enrichir. Mais son petit-fils, Léopold Eberhard, disposa des objets les plus précieux de cette collection, dont les derniers débris furent vendus en 1751, époque de la reconstruction de l'ancien Châtel-Derrière.

La bibliothèque, formée par le comte Georges vers l'année 1554, s'accrut successivement par les soins de son fils et de son petit-fils, les comtes Frédéric et Louis Frédéric ; mais pendant la guerre de Trente ans, elle éprouva des spoliations que le duc Georges ne put réparer, et qui se renouvelèrent pendant l'occupation française de 1676 à 1697. En 1735, à la suite d'une nouvelle occupation, la bibliothèque fut transférée du château dans une des salles du Gymnase, où elle resta jusqu'à la révolution française. Elle fait aujourd'hui partie de la bibliothèque de la ville. Plusieurs des ouvrages les plus rares, notamment des bibles historiées et un superbe exemplaire in-folio des œuvres du naturaliste Gesner, avec figures enluminées, ont été envoyés en 1786, à Stutgard, par les ordres du duc Charles (1).

Mais, à ce qu'il paraît, un certain nombre de volumes étaient restés au château ou avaient été achetés plus tard, car il en fut vendu environ 2.000, avec tout le mobilier du Château, le 19 décembre 1793, en vertu d'un arrêté du représentant du peuple Bernard de Saintes. (2)

Dans la tour bossue, reconstruite par la comtesse Henriette, se trouve une grande pièce dont le plafond en marqueterie est assez remarquable ; elle servait de chapelle aux princes. On y aperçoit encore 8 niches où devaient probablement être placées des statues, et qui sont chacune surmontées intérieurement d'une coquille.

------

(1) Ephémérides, p. 242.
(2) Le produit total de cette vente s'éleva à 105.282 livres 10 sols.

C'est dans l'une de ces tours que fut enfermé, de 1422 jusqu'à sa mort, Frédéric de Hohenzollern, par ordre de la comtesse Henriette, qu'il avait grièvement outragée et dont il était devenu le prisonnier par le sort des armes.

Le Châtel-Derrière, tel qu'il existe aujourd'hui, fut reconstruit en 1751 et dans les années suivantes, sous les auspices du baron de Gemmingen, alors gouverneur de la principauté de Montbéliard. C'est un carré long composé d'un rez-de-chaussée et de deux étages. Du côté du midi se trouve une terrasse entourée d'une balustrade en pierre.

Situé sur un rocher escarpé, le château de Montbéliard devait manquer d'eau ; aussi, pour s'en procurer, creusa-t-on, dans le Châtel-Devant, un puits d'une grande profondeur, qui est depuis longtemps hors d'usage. Dans le Châtel-Derrière se trouve une machine hydraulique qui fait monter les eaux de la Savoureuse, dont un bras baigne le pied du Château. Cette machine fut construite vers 1580.

Le Châtel-Derrière communiquait avec l'extérieur par un escalier taillé dans le roc, qui aboutissait à une porte de secours située vis-à-vis le *fort le Chat* et murée depuis bien des années.

Les Eglises et les Chapelles

1° Eglise St-Maimbœuf ou du Château

Dans le Châtel-Devant de Montbéliard, au milieu d'une vaste cour, existait une église qui, à l'origine était consacrée à Saint-Pierre ; elle était la paroisse de tous les environs. L'on prétend que sa fondation remonte aux temps les plus anciens de l'établissement du christianisme dans les Gaules. Entre les années 895 et 918, les restes de St-Maimbœuf y furent déposés. Cet Ecossais était venu dans nos contrées au commencement du 9° siècle pour y prêcher l'Evangile. C'était à l'époque où la gloire littéraire et religieuse de Charlemagne appelait dans ses états de nombreux et savants étrangers, parmi lesquels brillaient d'un vif éclat le saxon Alcuin, le goth Benoit d'Aniane, les deux Scots d'Ibernie, Clément et Jean Mailros. L'Angleterre et l'Irlande passaient et passèrent longtemps pour être les écoles de l'Occident, surtout l'Irlande que l'on appelait la *mère des moines* ou *l'Ile des Saints*.

St-Maimbœuf fut tué en allant de Dampierre-les-Bois à Froide-Fontaine ; son corps fut inhumé là où il avait souffert le martyre, proche d'une fontaine d'eau-vive où plus tard fut érigé le prieuré de Froide-Fontaine. On attribua à ses reliques plusieurs miracles dont le bruit se répandit au loin, ce qui motiva leur translation dans l'église de Dampierre et ensuite dans celle du Château de Montbéliard. *Atton* ou *Attalard*, que la légende désigne sous le titre de comte de Montbéliard, avait demandé à Béranger, archevêque de Besançon, de faire transporter les restes de ce saint dans l'église St-Pierre de Montbéliard ; le prélat acquiesça à cette requête et la translation en eut lieu par les soins d'Etienne, évêque de Bellay, suffragant de l'archevêque. C'est à partir de cette époque que l'église St-Pierre du Château fut désignée sous le nom de St-Maimbœuf.

Le comte Thierry II, voulant donner plus de pompe et d'éclat aux cérémonies religieuses de l'église du Château, érigea celle-ci en collégiale et fonda le chapitre de St-Maimbœuf qu'il dota richement. Douze chanoines de l'ordre de St-Augustin, à la nomination du comte de Montbéliard qui choisissait aussi le doyen, composaient le chapitre. Ils étaient tous astreints à 14 semaines de résidence annuelle.

Cette nouvelle organisation exigeait un édifice plus vaste et plus somptueux ; Thierry fit donc reconstruire ou restaurer l'église. 24 chapelains desservaient les 27 chapelles (1) qui y furent successivement fondées, avec des dotations tout à fait indépendantes de la *mense* collégiale. Les 8 confréries y étaient attachées, chacune sous l'invocation d'un saint, avaient aussi chacune leur dotation particulière.

Ce fut vers l'an 1147 que fut faite la dédicace de cette nouvelle église par Humbert, archevêque de Besançon. Le même jour, le comte Thierry remit à ce prélat tous les droits qu'il avait sur St-Maimbœuf, tant en possessions qu'en hommes, à l'exception de la garde de cette église, qu'il se réserva pour lui et ses successeurs. Les témoins de cet acte furent Etienne de Montbéliard, cardinal et évêque de Metz, frère du comte Thierry, Ortolf ou Ortlieb, évêque de Bâle, Frédéric, comte de Ferrette, frère dudit Thierry, et plusieurs autres.

Au mois de juin 1196, le pape Célestin III confirma les possessions de l'église collégiale de Montbéliard et la prit sous sa protection ; on voit par cette bulle, que les biens en étaient déjà fort considérables ; ils furent augmentés par des acquisitions faites par le chapitre et par les libéralités des princes de Montbéliard.

Entre Belfort et Montbéliard, à Châtenois, existait un prieuré de l'ordre de St-Augustin, dédié à St-Etienne et fondé au 12° siècle ; il dépendait de l'abbaye de St-Paul de Besançon et du prieuré de Lanthenans. Il fut réuni en 1435 à l'église collégiale de Montbéliard, moyennant la somme de 55 sols de Bourgogne que le doyen et le chapitre s'engagèrent à payer annuellement à l'abbé de St-Pierre et au prieur de Lanthenans. Cet acte fut ratifié le 17 décembre 1435 par le pape Eugène IV, et le 6 septembre 1437 par le concile de Bâle. Les biens de ce prieuré étaient peu considérables, car à l'époque de sa réunion au

---

(1) Ces chapelles étaient celles de : St-Michel, St-Pierre et St-Paul, St-Léonard, St-Julien, St-Ambroise, St-Claude, Ste-Marguerite, St-Louis, St-Antoine, St-Laurent, St-Eloi-le-Vieux, St-Christophe, St-André, Notre-Dame dite du Point-du-jour, St-Jacques et St-Martin, Notre-Dame du Clocher, Notre-Dame à l'Autel, St-Eloi, St-Nicolas en l'Eglise, Dieu de Pitié, la Ste-Croix, St-Jean l'Evangéliste, Notre-Dame la Blanche, St-Philippe et St-Jacques, la Madeleine, St-Nicolas hors des murs, la chapelle de Messieurs les comtes. — On doit y ajouter la chapelle de Jean-Philippe, que le comte Etienne fonda en dota le 23 mars 1385 en mémoire de son fils mort en Italie.

chapitre de Montbéliard, il n'avait que 80 livres tournois de revenus annuels. Le chapitre de St-Maimbœuf avait le patronage de l'église paroissiale de Belfort, que Jeanne de Montbéliard voulait ériger en collégiale. Par un acte du 12 mai 1342 cette dame donna au chapitre de St-Maimbœuf le patronage de l'église de Tavel et des revenus dans certains villages, en échange de celui de Belfort.

Le 18 décembre 1438, le concile de Bâle confirma les statuts de l'église de St-Maimbœuf, lesquels l'avaient été précédemment en 1299 par Otton, et en 1309 par Hugues, tous deux archevêques de Besançon. Un des nouveaux articles de ces statuts disposait : « Que dez ci-avant, par le vicaire perpétuel, le peuple de Montbéliard soit instruit et suffisamment enseigné des choses appartenant au salut des âmes, en prêchant et exposant l'Évangile et autres choses, ès fêtes solennelles et dimanches, en exposant les dix commandemens, en déclarant le *Pater noster*, le grand *Credo* et le petit.

L'église St-Maimbœuf s'enrichit d'une quantité de reliques que les comtes de Montbéliard et les membres de leur famille rapportèrent des Croisades. Ces comtes furent : Louis de Mousson, fils du comte Thierry I, qui partit pour la Terre-Sainte en 1101 ou 1102 (1) ; — Etienne de Montbéliard, cardinal et évêque de Metz, fils de Thierry I, comte de Montbéliard, qui s'embarqua en 1146 ; — Thierry, archevêque de Besançon, petit-fils du comte Thierry II et frère d'Amédée, comte de Montbéliard ; il partit en 1189 et mourut en 1191 au siège de Ptolemaïs ; Richard et Gauthier, neveux du précédent, le 1er comte de Montbéliard et le 2e sire de Montfaucon ; ils partirent pour la Terre-Sainte en 1201. Richard revint dans ses foyers ; quant à son frère Gauthier, il se fixa en Orient où il fonda la maison de Montbéliard ; — En 1246, Barthelémy, batard d'Amédée de Montbéliard, sire de Montfaucon, et en 1248 celui-ci, qui était le frère du comte Thierry III de Montbéliard, se rendirent en Palestine ; — En 1396 Henri d'Orbe, fils du comte Etienne, alla combattre les Turcs et périt à la bataille de Nicopolis ; — Enfin, Eberhard l'aîné, comte de Montbéliard et de Wurtenberg, se rendit en Terre-Sainte en 1469 et revint dans ses états l'année suivante.

Parmi les nombreuses reliques conservées dans l'église St-Maimbœuf, et d'après l'inventaire qu'en dressèrent les cha-

---

(1) Il figure comme témoin dans une charte de 1102 ; M. Duvernoy est donc dans l'erreur en prétendant qu'il mourut en Palestine.

noines le 7 février 1522, on remarquait surtout : une partie du corps de St-Maimbœuf conservé dans une châsse en argent ; une petite fiole renfermant du lait de la Ste-Vierge ; quelques-uns de ses cheveux et ceux de Marie-Madeleine ; une pierre sur laquelle Jésus s'était assis ; du bois de la vraie croix ; un fragment de la pierre du sépulcre ; un autre fragment de celle sur laquelle St-Jean Baptiste fut décapité ; un caillou qui avait servi au martyre de St-Etienne ; la crêche où avait été déposé l'enfant Jésus ; des parcelles de terre du champ dont Adam fut formé ; certaines autres provenant du Mont-Calvaire; un reste du pain que Jésus donna à ses disciples au dernier souper qu'il fit avec eux ; etc., etc. On voit par cette brève énumération que l'église collégiale de Montbéliard n'avait rien à envier aux autres sous le rapport des objets de la crédulité humaine.

Chaque année, le jour de la Circoncision et le lendemain (1er et 2 janvier), ces reliques étaient exposées à l'adoration des fidèles, et l'on annonçait grandes indulgences et pardon à ceux qui les visiteraient et assisteraient dévotement à leur exhibition : « Dévotes créatures, je croy qu'estes assez raccors que de lundable costume, tous les ans, au jour le la Circoncision de notre doùlx Saulveur et Rédempteur Jésus-Christ, l'on expose les dignes et saintes reliques au trésor de l'Eglise collégiale et ceaux sur le grand aultel de ceste église, pour icelles au bonheur et révérence des glorieux saints et sainctes pour lesquelles elles sont enchaptées, honorér et dévotement baiser, et que le lendemain dudit jour l'on a accoustumez les montrer et déclarer au peuple l'un après l'aultres après la Messe diste. C'est une chose digne et que dévotement se doit ouïr car l'on y acquiert grand pardon et indulgence, si humblement vous les oïrez. » (1)

Les reliques de Monsieur St-Maimbœuf étaient aussi promenées à la Fête-Dieu avec beaucoup de pompe à travers les rues de la ville, au son des instruments de musique (2).

Lorsque la Réforme religieuse fut introduite au 16e siècle dans le comté de Montbéliard, tous ces objets furent détruits ou dispersés.

Ce fut au mois de mars 1539 que la messe cessa d'être célébrée à St-Maimbœuf. Mais déjà depuis plusieurs années les cérémo-

---

(1) Préambule de l'inventaire des reliques dressé le 7 février 1522.

(2) On lit en effet dans les comptes de la ville, année 1458 : « payé deux gros blancs à Jacot le ménestrier, pour avoir corné devant Monsieur St-Maimbœuf le jour de la Fête-Dieu. »

nies du culte protestant se faisaient en langue allemande dans la chapelle particulière des princes au Château. Ainsi nous voyons Jean Gayling aumônier du duc Ulric de 1524 à 1526, Gaspard Groeter en 1526 et 1527, Jean-Baptiste Fischer ou Piscator de 1528 à 1535, et Jean Vogler de 1537 à 1540. Ces trois derniers étaient chapelains du comte Georges (1).

Le culte protestant fut introduit à St-Maimbœuf à partir de 1542 par Jean Engelmann (1542-1546) ; celui-ci eut comme collègues dans le saint ministère : Pantaléon Bloesi (1545-1549) et Nicolas Grynœus (1545-1549), tous chapelains du duc Christophe qui gouvernait le comté de Montbéliard pour son père le duc Ulric.

Le formulaire de foi et de discipline religieuse appelé *interim*, proclamé le 15 mai 1548 par Charles-Quint à la diète d'Augsbourg, fut mis en vigueur à Montbéliard vers la fin de la même année et au commencement de 1549, et le culte catholique rétabli dans l'église St-Maimboeuf (2). Mais le duc Christophe, ayant aboli définitivement la messe en 1552 dans le comté de Montbéliard, le culte protestant fut de nouveau et définitivement célébré en langue allemande dans l'église du Château jusqu'au mois d'octobre 1793, époque où le conventionnel Bernard de Saintes s'empara de Montbéliard au nom de la République Française.

L'église St-Maimbœuf cessa dès lors d'être livrée au culte (3). Par ordre de Bernard de Saintes ses vases sacrés furent remis à la municipalité ; ses cloches, au nombre de cinq, servirent à faire des canons ; ses orgues, qui étaient très anciennes et qui avaient été réparées en 1607 et 1777, furent placées en 1808 dans l'église du Faubourg. Le 29 prairial an XI, les catholiques demandèrent que St-Maimbœuf servit à l'exercice de leur culte,

---

(1) Dans l'intervalle, Guillaume Farel, accompagné de Jean de Mesnil et de Guillaume du Moulin, vint prêcher la Réforme à Montbéliard en 1524 et y revint en 1526. Pierre Toussaint, ancien chanoine de Metz, appelé à Montbéliard en 1526 par le comte Georges, fut le premier pasteur de l'église française de St-Martin (1535-1573) et remplit de 1537 à 1571 les fonctions de surintendant des églises de la principauté, dont l'organisation ne fut achevée qu'en 1540.

(2) Le duc Ulric choisit le 18 janvier 1549 des commissaires pour publier l'*interim* dans le comté de Montbéliard. Tous les ministres, au nombre de quinze, refusant d'y adhérer, furent congédiés et remplacés par des curés catholiques. Le seul, Pierre Toussaint, pasteur de la ville de Montbéliard, fut maintenu dans ses fonctions.

L'*interim* était appelé, parce qu'il ne devait rester en vigueur que jusqu'au prochain concile général.

(3) Le culte protestant en langue allemande fut organisé de nouveau à St-Martin, le 23 prairial an III (11 juin 1795).

mais ils ne l'obtinrent pas. Enfin, en 1810 le Génie militaire mit en vente cette église qui tombait en ruine. Elle fut adjugée à des habitants de la ville qui procédèrent immédiatement à sa démolition ; mais le ciment en était tellement dur et résistant, qu'on eut bien de la peine à disjoindre les angles, les portes et les fenêtres de cet antique monument.

Le genre de construction de St-Maimbœuf attestait sa haute antiquité. La partie du milieu appartenait aux dernières époques de l'architecture romane ; la partie au levant, de construction gothique, devait être du 12e ou du 13e siècle au plus ; il s'y trouvait jusqu'à des vestiges d'architecture romaine. Son clocher, terminé par un dôme et autour duquel régnait une galerie en pierre sculptée, avait 134 pieds de hauteur. Il avait été recouvert en cuivre rouge en 1563 ; s'étant écroulé en 1628, il ne fut pas reconstruit. Sa chute causa des dégradations considérabls à l'église et détruisit une chapelle intérieure. La tradition rapporte que la Bible ne fut point endommagée et qu'il ne tomba même pas de poussière sur elle ; la table sur laquelle elle se trouvait fut brisée, sauf l'endroit où le livre saint était placé, et tous les alentours remplis de sable et de pierres. On apporta ce livre au prince Louis Frédéric qui fit aussitôt une prière et dit : « la guerre sera après ma mort, qui nous ravira tout ; mais Dieu soit loué, le bon trésor, qui est sa parole, ne sera point ôté ni changé en ce pays ! » Ce qui arriva de la sorte (1).

Après la chute du clocher de St-Maimbœuf, on en posa les cloches sur un beffroi qu'on éleva à côté de l'église. De 1478 à 1756 on fit beaucoup de réparations à celle-ci (2). Une sentence du bailli de Montbéliard força en 1478 les habitants de réparer ce monument ; aussi, en 1539 le magistrat réclama-t-il la remise de tout ce qui s'y trouvait, comme étant la propriété de la ville qui en avait fait à plusieurs reprises les frais. En 1542 elle adressa une requête pour être déchargée des réparations de cet édifice, parce que le gouvernement s'en était approprié les châsses, les reliques et les biens.

En 1718 il fut question de rétablir le clocher de St-Maimbœuf dans son état primitif. Claude Flamand en dressa un plan et un devis s'élevant à 5046 florins, et une requête à ce sujet fut adressée, mais sans résultat, par les membres de la paroisse au duc Léopold Eberhard. Des demandes analogues furent faites

---

(1) Voy. Ephémérides, 5 janvier.
(2) Voy. Archives du Doubs, fonds Montbéliard, série E, liasses 73 et 75.

en 1742, 1753 et 1764 au président et aux conseillers de régence. Dans les plans et devis, qui sont très soignés, il est dit que les trois grandes cloches de cette église n'étaient suspendues qu'à de simples poteaux de bois et élevées seulement de trois pieds au-dessus du sol. Le devis de ces réparations montait à 5826 livres (1).

Dans le chœur se trouvaient plusieurs mausolées du 14ᵉ siècle, notamment celui du Renaud de Bourgogne qui était représenté couché sur son tombeau en chevalier armé de toutes pièces, et celui de sa femme Guillaumette de Neufchâtel en Suisse, vêtue du costume de l'époque. Le plus récent et en même temps le plus remarquable de ces monuments, était celui du comte de la Suze, gouverneur de Montbéliard pendant l'occupation française, mort en 1636 ; il était en marbre blanc et recouvrait les restes de ce général.

Sous l'église St-Maimbœuf existaient des caveaux au nombre de trois. Celui du milieu était réservé à la sépulture des comtes de Montbéliard ; 20 marches y conduisaient, et c'était là qu'ils reposaient avec leurs femmes et leurs enfants, sur des tables de pierre, enfermés dans 3 cercueils dont l'un était de chêne et un autre d'étain. Un char doré, appelé *Char de triomphe*, qui partait le corps à son entrée sous les voûtes, y descendait par une large ouverture que couvrait une dalle à anneaux de fer placée sous le maître-autel, et qu'on soulevait à chaque inhumation.

Les tombeaux de ces princes furent profanés plusieurs fois, en 1676 par les soldats du maréchal de Luxembourg, et en 1793 lorsque les Français s'emparèrent définitivement de Montbéliard. Les cercueils furent alors ouverts et brisés et les corps qu'ils renfermaient, transportés au cimetière.

------

(1) Voy. Archives du Doubs, séric E, liasse 75.

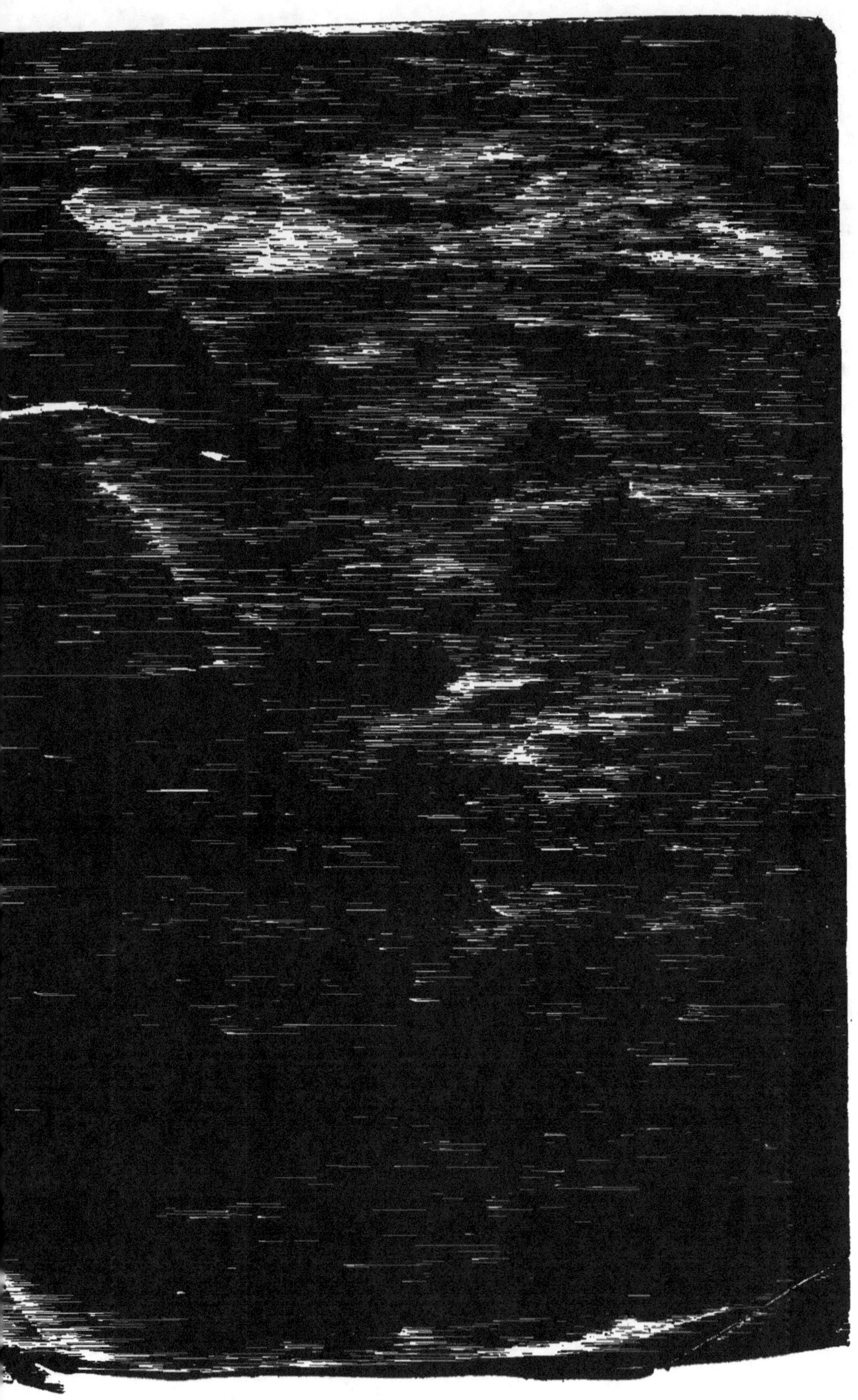